# Inhalt

## AutoID - Automatische Identifizierung verlinkt Produkte mit Daten

Kernthesen

Beitrag

Fallbeispiele

Weiterführende Literatur

Impressum

GENIOS WirtschaftsWissen Nr. 03/2009 vom 02.03.2009

# AutoID - Automatische Identifizierung verlinkt Produkte mit Daten

*I.Zeilhofer-Ficker*

## Kernthesen

- Die Technologien zur automatischen Identifizierung von Produkten werden stetig verbessert.
- Barcode oder 2D-Barcode sind fast auf jedem Produkt zu finden und selbst im Dienstleistungsbereich sowie zur Personenidentifizierung nutzt man mehr und mehr optische Identifikationssysteme.
- Für industrielle und logistische Aufgabenbereiche setzt sich die RFID-Technologie mehr und mehr durch.

# Beitrag

Die Einführung des Strichcodes auf Produkten Ende der 70er Jahre läutete eine grundlegende Veränderung von Auspreisungs- und Bezahlprozessen ein. Im Supermarkt an der Kasse wird kein Preis mehr eingetippt, der Strichcode der Waren wird über das Lesegerät gezogen und der entsprechende Preis automatisch ausgelesen und berechnet. Höchstens beim Bäcker um die Ecke wird der Preis für die Semmel noch per Hand eingegeben...

## Automatische Identifikation heißt automatisierte Prozesse

Jeder Joghurtbecher, jeder Brühwürfel und jedes Marmeladenglas musste früher mühsam per Hand mit dem entsprechenden Verkaufspreis ausgezeichnet werden. Da die Preise anhand von Produktlisten vorgegeben wurden, konnte es schon einmal vorkommen, dass eine Ware zum komplett falschen Preis verkauft werden musste, weil beim Auszeichnen ein Fehler passiert war. Preisänderungen bedeuteten immer eine mühsame Neuetikettierung, die nicht immer zeitgenau vorgenommen werden konnte.

Als Ende der 70er Jahre die ersten Produkte mit

einem Strichcode versehen wurden, wunderte man sich über die Bildchen mit unterschiedlich angeordneten dünnen und dicken Strichen, deren Bedeutung alles andere als klar war. Heute weiß jedes Kind, dass das Produkt über den Strichcode identifiziert wird und dass im zentralen Preissystem der aktuelle Preis der Ware gespeichert ist. Zieht die Kassiererin den Strichcode über den Scanner, wird der Preis der Ware automatisch auf die Kundenrechnung übernommen. Der Strichcode oder auch Barcode war also die erste Technologie, über die eine Ware mit einer Information verknüpft werden konnte die automatische Identifizierung war geboren.

Mittlerweile haben AutoID-Verfahren überall Einzug gehalten Produktkreisläufe innerhalb eines Fertigungsbetriebes stützen sich darauf, Pakete werden um die ganze Welt geschickt, basierend auf entsprechenden Identifizierungsverfahren und selbst die am heimischen Computer ausgedruckte Bordkarte für den Flug zur Oma wird durch den Barcode validiert. (1)

Viele Prozesse wurden dadurch vereinfacht, dass die Produktinformation mit der Unternehmens-IT verlinkt werden konnte. So konnten nicht nur Abläufe und Arbeitsschritte beschleunigt werden, sondern auch die Komplexität und die Fehlerhäufigkeit verringert werden. AutoID-Verfahren sind heute kaum noch in Produktions-, Logistik- oder Serviceabläufen verzichtbar.

## AutoID-Technologien

Der Barcode als **optisches Verfahren** ist relativ einfach zu verstehen. Eine Produktnummer oder eine Alpha-Numerische-Kombination wird einem Produkt zugeordnet. Die Nummer bzw. der Code wird in Strichkombinationen übersetzt, diese Codierung kann über entsprechende Lesegeräte wieder in Informationen zurückgeführt werden. Die Menge der Informationen ist variabel es gibt einfachste, 8stellige Codes, aber auch komplexe Datenstrukturen wie den Code128. (1), (2)

Eine Weiterentwicklung sind **zwei- und dreidimensionale (2D-Code, 3D-Code) Codes**, die unter anderem senkrechte mit waagrechten Zeichen aber auch Farbschattierungen beinhalten können. Die Informationsdichte auf diesen Codes ist wesentlich höher, sodass komplexe Identifizierungsaufgaben damit gelöst werden können. 2D-Codes werden beispielsweise für dauerhafte Direktbeschriftungen in der Automobil-, Maschinenbau- und Elektronikindustrie verwendet. Auch kleinste Teile können damit markiert werden. (1), (2)

Als die Technologie mit dem höchsten Zukunftspotenzial wird allerdings die **RFID-Technologie** (Radio-Frequenz-Identifizierung) angesehen. RFID-Tags sind kleine Speichergeräte mit Antenne, deren Daten sowohl ausgelesen aber auch überschrieben werden können. Da die Speicherkapazität heute schon bis zu 64 KByte betragen kann, eignen sich RFID-Transponder für komplexe Einsatzgebiete wie beispielsweise die Nachvollziehbarkeit von einzelnen Produktionsschritten für die Qualitätssicherung. Hierfür werden nach jedem Arbeitsschritt die entsprechenden Verarbeitungsdaten auf den RFID-Chip abgespeichert bevor das Teil zur nächsten Maschine weitergeleitet wird. (3)

Doch RFID hat gegenüber dem Barcode noch weitere Vorteile. Da die Datenübertragung per Funksignal erfolgt, ist kein Sichtkontakt für das Lesen der Informationen notwendig. Außerdem sind RFID-Systeme auch in rauen, oft schmutzigen Industrieumgebungen einsetzbar. Weder Kälte noch Wärme noch Feuchtigkeit beeinträchtigen die Funktion der RFID-Tags, die allerdings (noch) wesentlich teurer sind als konventionelle Barcode-Etiketten. Die günstigsten RFID-Etiketten sind momentan für unter vier Cent zu bekommen. (3), (5), (6), (7)

Obwohl der erwartete Durchbruch der Technologie noch auf sich warten lässt, liegt der weltweite Umsatz für RFID bereits bei 1,28 Milliarden US-Dollar. Deutschland mit einem Markt von 200 Millionen Dollar ist der viertgrößte RFID-Abnehmer. Die Wachstumsraten sind durchwegs zweistellig. Die Wichtigkeit von RFID beweist sich auch in der Tatsache, dass bundesweit rund 40 Universitäten an verschiedensten RFID-Projekten arbeiten. (4), (6), (7)

## Der Einsatz von RFID

Aufgrund der großen Datenmenge, die auf RFID-Chips problemlos gespeichert werden kann, sind die Einsatzmöglichkeiten schier grenzenlos. In Produktionsbetrieben wird die RFID-Kennzeichnung in geschlossenen Kreisläufen eingesetzt, d. h. der Produktionsfortschritt eines Produktes wird über die RFID-Identifizierung gesteuert und dokumentiert. Am Ende der Produktionskette werden die Ein- und Auslagerungs-, Kommissionier- und Versandprozesse anhand der RFID-Kennzeichnung gesteuert und überprüft. Erst in wenigen Fällen werden die Informationen über die Unternehmensgrenzen hinweg beim Logistikdienstleister oder sogar beim Kunden weitergenutzt. Hier sehen Experten allerdings ein riesiges Kosteneinsparpotenzial für die

Zukunft. (6)

Für die Logistik liegt der große Charme der Technologie in der Möglichkeit, viele RFID-Tags ohne Sichtkontakt gleichzeitig auslesen zu können. Das heißt, wenn ein LKW mit Produkten, die mit RFID-Tags gekennzeichnet sind, ein Lesetor passiert, kann die gesamte Ladung vollautomatisch in das entsprechende Warenwirtschaftssystem ein- oder ausgebucht werden. Zeitintensive Ein- und Ausgangskontrollen können entfallen, die Fehlerhäufigkeit wird signifikant reduziert. (7), (8)

Für den Handel ist ebenso die Möglichkeit der zusätzlichen Datenspeicherung von großem Vorteil. So werden die RFID-Tags bereits in großem Umfang im Textilbereich eingesetzt. Mithilfe der RFID-Informationen über Abverkäufe werden Nachlieferungen initiiert und daneben fungieren die Chips als Fälschungs- und Diebstahlsschutz. Auch im Supermarkt könnten die schlauen Funketiketten für die Steuerung der Regalbefüllung, der Nachbestellungen und automatischen Kassierprozesse sorgen. Zudem könnte in Kombination mit entsprechenden Sensoren die Kühlkette für temperaturempfindliche Waren überwacht werden, ja selbst vollautomatische Meldungen über das Erreichen von Verfallsdaten sind denkbar. (9), (12)

# Fallbeispiele

Über einen Standard-PC läuft das vollautomatische Identifikationssystem für den Wareneingang beim Versandhaus Witt in Weiden. Das Bildverarbeitungssystem kann durch Handschriften-Erkennung gedruckte, gestempelte und auch handschriftlich angebrachte Ziffern erkennen und verarbeiten. Durch die Identifikationslösung von Eckelmann können bis zu acht Kartons pro Minute abgefertigt werden. (14)

Bei BMW werden Karossen, Paletten, Werkstückträger und Elektrohängebahnen schon seit 1986 mit RFID-Transpondern identifiziert. Einige der Datenträger verbleiben als elektronische Protokolle im fertigen Fahrzeug. Beim Automobilzulieferer ZF werden Transponderdaten sogar gemeinsam mit Geschäftspartnern genutzt. (3)

Der schwedische Laminathersteller Pergo kennzeichnet die Paletten mit Fertig- und Halbfertigwaren mit RFID-Transpondern. Die automatische Beförderung zum nächsten

Verarbeitungsschritt bzw. zum Versand wird von den Transpondern gesteuert. Als großer Vorteil wird von Pergo die nahezu unendliche Wiederverwendbarkeit der RFID-Datenträger gesehen. (15)

Die Ford-Werke in Köln identifizieren die auf riesigen Stellflächen abgestellten Neu-Fahrzeuge mit RFID. Nach dem chaotischen Abstellen des Autos wird die Position per GPRS an das Lokalisierungssystem übermittelt. So ist jederzeit exakt feststellbar, auf welchem Stellplatz das Fahrzeug zu finden ist. Bei der Auslieferung an den Händler werden die RFID-Daten vom Logistikdienstleister sowie vom Händler weiter genutzt. (16)

# Weiterführende Literatur

(1) Auto-ID Automatische Identifikation optimiert die variantenreiche Fertigung Techniken zur automatischen Identifikation (Auto-ID) sind ein wichtiger Schlüssel, um variantenreiche Produkte effizient und mit hoher Qualität herzustellen. Bei der Fertigung speicherprogrammierbarer Steuerungen wird dabei gleichermaßen auf 2D-Codes und Radio-Frequency Identification (RFID) gesetzt.
aus MM MaschinenMarkt Nr. 005 vom 26.01.2009 Seite 032

(2) Auto-ID Direct-Part-Marking-Drucktechniken

kennzeichnen Bauteile zuverlässig Die fortschreitende Miniaturisierung in der Produktion schränkt den verfügbaren Platz zur automatischen Identifizierung von Bauteilen ein. Direct-Part-Marking-(DPM-)Drucktechniken bringen die Verbreitung des Data-Matrix-Codes in Verbindung mit 2D-Lesegeräten voran. Bauteile können per Lasergravur durch Materialabtragung oder Farbumschlag direkt gekennzeichnet werden.
aus MM MaschinenMarkt Nr. 030 vom 21.07.2008 Seite 030

(3) RFID: Beschreibbare Transponder bieten mehr als Produkterkennung Die Fabrik lernt lesen
aus Industrieanzeiger, Heft 44, 2008, S. 26

(4) Hohe Erwartungen, aber auch starke Forschung
aus VDI NR. 15 VOM 11.04.2008 SEITE 34

(5) RFID leicht gemacht
aus DVZ, Nr. 040 vom 01.04.2008

(6) RFID-ICs: Weltweite Volumina sind 2008 signifikant gestiegen »Wirtschaftskrise sorgt für Dämpfung der Zuwachsraten«
aus Markt & Technik, Heft 06/2009, S. 23

(7) Prozesse unter Kontrolle
aus Elektrotechnik Nr. 012 vom 16.12.2008 Seite 080

(8) Perfekt ausgezeichnet Chemikalienbeständige Kennzeichnung sorgt für Transparenz und Sicherheit

aus PROCESS Nr. 002 vom 17.02.2009 Seite 066

(9) Filialprozesse Zwang zur Optimierung
aus LEBENSMITTEL PRAXIS NR. 017 VOM 05.09.2008 SEITE 012

(10) Bisher erfolgt die Nutzung meist in abgeschlossenen Teilprozessen Übergreifender RFID-Einsatz scheitert an der Komplexität
aus Computer Zeitung, Heft 47, 2008, S. 14

(11) - FINANZIERUNG Radio Frequency Identification als Betreibermodell im Mittelstand
aus MM MaschinenMarkt Nr. 15 vom 07.04.2008 Seite 112

(12) Das Internet der Dinge
aus VDI NR. 43 VOM 24.10.2008 SEITE 3

(13) Standardisierung mit Tücken
aus VDI NR. 15 VOM 11.04.2008 SEITE 34

(14) Witt Weiden Jedes Paket richtig erkennen
aus Elektrotechnik Nr. 007 vom 20.08.2008 Seite 032

(15) Identifikation und Steuerung von Paletten in der Laminatfertigung RFID bietet Mehrwert
aus elektro automation, Heft 1, 2009, S. 42

(16) Fahrzeuglokalisierung in der Automobilindustrie Praktische Anwendung mit passiven RFID-Transpondern bei Ford
aus Industrie Management, Nr. 3, 2008, 24-26

# Impressum

## AutoID - Automatische Identifizierung verlinkt Produkte mit Daten

**Bibliografische Information der deutschen Nationalbibliothek**

Die Deutsche Nationalbibliothek verzeichnet diese Publikation in der deutschen Nationalbibliografie; detaillierte bibliografische Daten sind im Internet über http://dnb.d-nb.de abrufbar.

ISBN: 978-3-7379-1092-7

© 2015 GBI-Genios Deutsche Wirtschaftsdatenbank GmbH, Freischützstraße 96, 81927 München, www.genios.de

Alle Rechte vorbehalten. Dieses Werk ist einschließlich aller seiner Teile – z.B. Texte, Tabellen und Grafiken - urheberrechtlich geschützt. Jede Verwertung außerhalb der Grenzen des Urheberrechtsgesetzes bedarf der vorherigen Zustimmung des Verlags. Dies gilt insbesondere auch für auszugsweise Nachdrucke, fotomechanische

Vervielfältigungen (Fotokopie/Mikroskopie), Übersetzungen, Auswertungen durch Datenbanken oder ähnliche Einrichtungen und die Einspeicherung und Verarbeitung in elektronischen Systemen.